AF509256

CONSIDÉRATIONS

SUR

LA PEINTURE A L'OEUF

NOTES ET RENSEIGNEMENTS

SUR LES

PRODUITS PRÉPARÉS

POUR LA

PEINTURE ARTISTIQUE

D'APRÈS LES PROCÉDÉS

DE

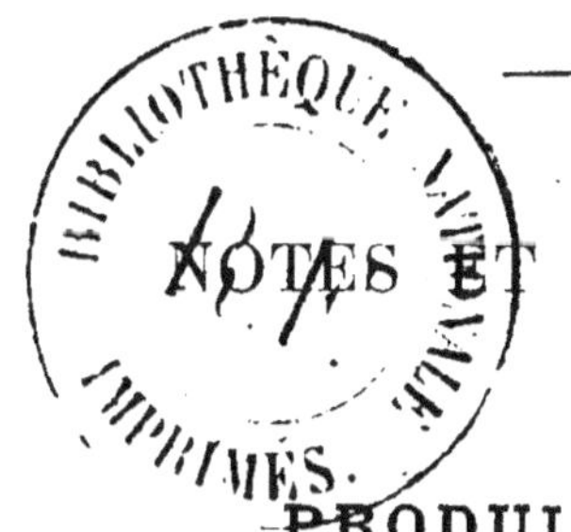

J.-G. VIBERT

Artiste-Peintre

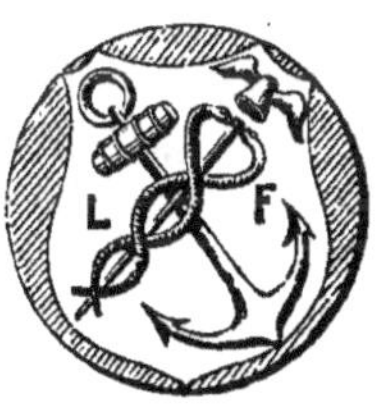

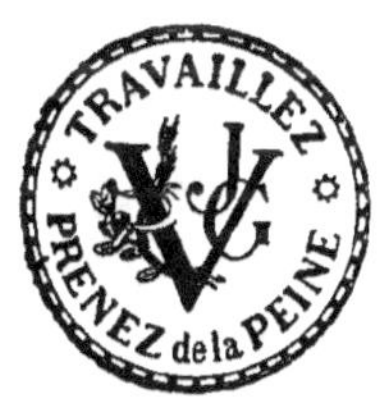

LEFRANC & Cᴵᴱ

ÉDITEURS

18, rue de Valois, Paris

—

1897

LA PEINTURE A L'ŒUF

LA PEINTURE A L'ŒUF

Quel est le meilleur procédé de peinture?

Voilà une question à laquelle il est bien difficile de répondre, car tous les procédés ont des qualités et des inconvénients. Aucun n'est parfait, aussi le peintre choisit-il le procédé qui offre le plus d'avantages pour le genre de peinture qu'il veut faire, ou qui se prête le mieux à son tempérament, et dans certains cas, le plus expéditif, ou le moins dispendieux.

Cependant, si on laisse de côté les petites préférences individuelles, pour ne s'occuper que de l'intérêt de l'art, on pensera que le meilleur procédé est celui qui donne aux couleurs la plus grande puissance, dans leur double aspect de matité et de transparence; celui qui facilite la plus grande liberté du travail, et qui, n'exigeant aucun tripotage, aucune cuisine, ne permettant aucun hasard, laisse à l'exécution cette noble simplicité qui caractérise les œuvres des vieux maîtres; celui qui, enfin, par sa solidité éprouvée depuis des siècles, assure à ces œuvres la plus longue durée et les conserve telles qu'elles sont sorties des mains de l'artiste.

En effet, quand on examine les tableaux que possèdent les musées d'Europe, et que l'on compare avec soin les différents procédés par lesquels ils ont été faits, c'est sans contredit la peinture à l'œuf qui offre les meilleurs résultats, comme richesse de tons et comme conservation. Il ne s'y produit pas de ces dérangements de matières tels que cloques, affaissements, gerçures et craquelures, qui dénaturent une peinture longtemps avant qu'elle ne soit totalement perdue. Il ne s'y opère ni fermentations, ni oxydations, ni aucune autre de ces réactions chimiques qui, non seulement accélèrent la destruction, mais produisent encore le jaunissement et le changement des tons.

Les matières constitutives de la peinture à l'œuf forment au début une substance un peu molle et légèrement opaline, qui se solidifie peu à peu et devient de plus en plus transparente, à mesure qu'elle devient de plus en plus dure. Les couleurs qui y sont incorporées gagnent donc de l'éclat avec le temps. Les huiles, au contraire, lorsqu'elles sèchent prennent un aspect louche, deviennent opaques et finissent par tomber en poussière. Quant aux colles elles se fendillent et s'écaillent. Aussi, les couleurs, emprisonnées dans ces milieux qui perdent leur transparence, se ternissent et s'obscurcissent.

La peinture à l'œuf, loin de nuire aux subjectiles qui la supportent, comme l'huile qui brûle la toile et certaines colles qui la pourrissent, est un excellent préservatif qui prolonge leur conservation.

La peinture à l'œuf enfin, ne craignant ni l'humidité, ni la sécheresse, ni le chaud, ni le froid, résiste à tous les changements de température et s'accommode de tous les climats.

Alors, dira-t-on : pourquoi, ayant autrefois un procédé si complet, l'a-t-on abandonné pour en prendre d'autres moins bons? Voilà! c'est que ce n'est pas d'aujourd'hui que les peintres cherchent leurs aises, et la peinture à l'œuf était bien incommode à employer. Il fallait broyer ses couleurs tous les jours, casser des œufs, les battre, etc. Tant qu'on n'en eut pas d'autres il fallut bien s'en servir (d'ailleurs les élèves se prêtaient à ses soins autrefois). Mais aussitôt qu'apparut la peinture à l'huile, on s'empressa de l'adopter, la trouvant plus facile à pratiquer. Il est vrai qu'on avait une excuse que nous n'avons plus : c'est qu'on ignorait alors quels effets désastreux l'huile aurait plus tard, et combien, au contraire, l'œuf serait solide.

Aussi, à mesure que se sont constatés les ravages de l'huile, y a-t-il eu, à diverses reprises, des tentatives isolées pour revenir à l'œuf. Mais toujours, les complications du broyage et de l'omelette tous les matins ont découragé les prosélytes qui sont retournés à la routine.

Ah ! il faudrait rendre l'œuf aussi longtemps fluide que l'huile, sans lui faire perdre ses qualités, et le garder en cet état sans qu'il s'altère. Tel est le problème que bien des peintres ont dû chercher sans jamais réussir.

Nous-même, il y a déjà quelques années, dans un précédent ouvrage **La science de la peinture**, nous avons proposé de refaire la peinture à l'œuf chimiquement, en reconstituant les parties utiles de l'œuf avec des matières analogues et nous ajoutions : « Tout ceci est peut-être l'avenir ; mais pour l'instant personne n'a encore étudié cette question, car on ne peut donner, comme une étude suffisante, les quelques expériences que nous n'avons pas poursuivies, comme hélas! tant d'autres choses intéressantes, pour l'éternelle raison que la vie est courte et qu'à tout entreprendre on ne termine rien. »

Or, depuis cette époque, ayant fini les travaux qui nous occupaient alors, nous avons entrepris sérieusement de résoudre le problème.

L'AQUALENTA

L'AQUALENTA

Le premier résultat de nos recherches a été qu'il fallait absolument abandonner le projet de l'œuf chimique, retourner au simple œuf de la nature et se contenter de reproduire exactement les antiques procédés des peintres primitifs; nous disons, les procédés, parce qu'il y en a eu plusieurs et que tous ont du bon.

Les seules innovations à faire sont d'empêcher l'œuf de se corrompre et de sécher trop vite.

Les anciens ne connaissaient guère d'autre antiseptique que le vinaigre, et pour retarder la dessiccation, que la sève de figuier et la bave d'escargot.

On a, depuis, souvent essayé de se servir de moyens semblables ou du même genre, et aussi de préparations ayant pour base des produits

chimiques, tels que chlorure de calcium, glycé-
rine, etc.; mais on a toujours constaté que les
effets en étaient insuffisants ou nuisibles.

Cependant, il existe encore certains tableaux
peints à l'œuf, dont les modelés sont si fondus
qu'ils n'ont pu être exécutés qu'avec une pâte
visqueuse longtemps triturable comme est la
peinture à l'huile. Quelques peintres ont donc
eu à leur disposition une matière propice dissolvant l'œuf, le préservant de la corruption et ne
s'évaporant pas rapidement : une espèce d'eau
lente à sécher (*aqua lenta*).

Ceci est indubitable; mais les artistes d'autrefois, très jaloux des secrets du métier, ne divul-
guaient pas facilement leurs découvertes. Nous
trouvons, dans quelques-unes de leurs œuvres,
la preuve indéniable de l'emploi de cette
Aqualenta, mais nulle part une trace permettant
de supposer seulement ce que cela pouvait être.
Était-ce encore le suc d'une plante, un liquide
animal, dont les propriétés avaient été dévoilées
par hasard, ou le produit des manipulations
d'un savant alchimiste? On ne le sait pas.

Aujourd'hui que nous avons enfin une substance qui remplit le même office, nous ne
pourrions affirmer, ni que c'est l'antique
formule que nous avons retrouvée, ni que ce

n'est pas elle. Mais qu'importe, puisque nous en obtenons tous les résultats désirés.

Grâce à cette Aqualenta avec laquelle les couleurs à l'œuf sont broyées, celles-ci se conservent en tubes et elles restent fraîches sur la palette pendant plusieurs jours. Si l'on veut même les faire durer pendant plusieurs semaines on les remanie avec le couteau dès qu'elles ont l'air de durcir en y ajoutant un peu d'Aqualenta. En mettant des tons que l'on désire conserver dans des petits flacons bien bouchés, on les garderait ainsi des mois.

Pour modeler un morceau longtemps, dans le frais, on se sert de l'Aqualenta; il suffit, en peignant, de tremper de temps en temps son pinceau dans le godet qui la contient, pour entretenir la partie que l'on fait au degré de mollesse désirable.

Les couleurs à l'œuf, comme dans toutes les peintures mates, diminuent un peu d'intensité en séchant, mais il est facile de leur faire reprendre pour quelques moments le ton qu'elles ont étant mouillées avec un frottis d'Aqualenta. Cela favorise d'ailleurs les reprises et facilite les raccords.

L'Aqualenta est aussi excellente pour délayer la couleur quand on veut passer un glacis ou une teinte et avoir le temps de les fondre à son aise.

Quoique spécialement préparée pour la peinture à l'œuf, l'Aqualenta peut rendre exactement les mêmes services dans toutes les peintures à l'eau : aquarelle, gouache, détrempe, lavis, etc. Elle dissout la gomme, mais pas immédiatement, comme l'eau, de sorte que l'on peut passer facilement une teinte sur une autre sans la détremper ; cela permet de glacer sur de la gouache, ce qui est toujours si difficile.

Nous ajouterons que cette Aqualenta s'évapore totalement quoique lentement et qu'elle ne laisse aucun résidu dans la couleur. On peut s'en rendre compte en en abandonnant quelques gouttes sur un morceau de verre.

LE VERNIS A L'EAU

LE VERNIS A L'EAU

Lorsque, au lieu de laisser la peinture à l'œuf mate, on veut la rendre transparente, il faut la vernir. Dans ce cas, on devra procéder de la façon suivante : on passera une couche de vernis à l'eau, quand le tableau sera sec, bien entendu. Si la peinture est faite sur une surface lisse, cette première couche suffira, mais sur une toile à gros grains, un carton grossier, sur toute surface rugueuse enfin, une seconde couche sera nécessaire.

L'emploi de ce vernis est indispensable pour vernir un tableau à l'œuf, parce que les essences, pétroles, alcool que contiennent les autres vernis, dissolvant les parties grasses de l'œuf, les séparent de la couleur et détruisent ainsi la parfaite cohésion des matières constitutives, qui est la première condition de solidité pour l'avenir. De plus, si le tableau n'était pas bien sec à fond, les couleurs pourraient être entraînées aussi avec les matières grasses et dégorger dans le vernis.

Le vernis à l'eau sèche aussi vite que l'eau, et lorsqu'il est bien sec, il ne se détrempe plus, ni à l'eau, ni à l'alcool, ni aux essences. Il préserve parfaitement la peinture et reste toujours brillant.

Le tableau étant ainsi recouvert du vernis à l'eau pourra recevoir tous les vernis. Cependant nous conseillons de choisir le vernis à tableaux *au pétrole*, comme étant préférable pour les raisons que nous avons données d'autre part.

Quand on voudra, plus tard, enlever le vernis au pétrole, on pourra le faire et l'on retrouvera le vernis à l'eau intact dessous.

Lorsque les matières ou les enduits sur lesquels on peint semblent trop absorbants, on peut passer dessus du vernis à l'eau, coupé ou non, d'autant d'eau que l'on voudra, à une ou plusieurs couches, selon que l'on veut diminuer plus ou moins l'absorption. La peinture à l'œuf tient très bien sur le vernis à l'eau, son emploi est encore recommandé toutes les fois que l'on voudra faire un tableau destiné à être vernis.

En effet, dans ce cas, les parties qui deviennent mates à mesure qu'elles sèchent sont aussi gênantes que les embus dans la peinture à l'huile. Un léger frottis de vernis à l'eau leur rendra leur transparence et elles resteront toujours en accord avec les parties que l'on est en train d'exécuter. On peut retoucher autant de fois qu'on le juge nécessaire sur les endroits passés au vernis à l'eau. Ces retouches s'emboieront de nouveau et chaque fois on pourra les faire revenir avec le vernis à l'eau qui rend absolument les mêmes services que le vernis à retoucher dans la peinture à l'huile, avec cependant cette différence qu'il ne faut pas peindre avec, en le mêlant aux couleurs.

On peut parfaitement se servir de la peinture à l'œuf comme ébauche et terminer à l'huile par-dessus. Mais il faut, avant de reprendre à l'huile, toujours passer du vernis à l'eau, pour la raison, déjà donnée, que les huiles, essences ou pétroles pourraient déranger l'œuf.

Cette ébauche à l'œuf a un grand avantage : c'est que si on lave le tableau plus tard, cela n'a pas d'inconvénient, l'œuf étant insoluble ; tandis qu'avec les ébauches à toutes autres colles ou gommes, l'eau du lavage, pénétrant à travers l'huile qui est poreuse, vient dissoudre le dessous et amène des accidents tels, qu'il faut quelquefois repeindre entièrement le tableau.

Comme pour l'Aqualenta, nous dirons aussi que le vernis à l'eau peut servir à d'autres usages que ceux qui se rapportent à la peinture à l'œuf. Il peut être employé pour vernir les gravures, cartes, lithographies, photographies et tous les imprimés en général, même ceux qui sont faits avec des couleurs d'aniline que les vernis à l'alcool dissolvent. Il va sans dire que pour les aquarelles, gouaches, etc., qui sont solubles à l'eau, il ne peut servir étant lui-même à base d'eau.

CONSIDÉRATIONS GÉNÉRALES

La peinture à l'œuf ainsi reconstituée et complétée devient aussi pratique que la peinture à l'huile et l'aquarelle dont elle réunit les moyens d'exécution et ne nécessite aucun matériel particulier.

Les couleurs broyées toutes prêtes à être employées sont conservées en tubes.

La palette, comme pour toutes les peintures à l'eau, doit être blanche et tout à fait imperméable : en faïence, porcelaine, verre, métal émaillé, celluloïd, etc.

On peut peindre sur toutes les matières qui sont plus ou moins absorbantes de leur nature, papier, carton, bois, toiles, soies, etc., comme du reste, pour tous les genres de peinture ayant l'eau pour véhicule, qui ne peuvent se faire que sur des surfaces perméables.

Il n'est pas indispensable que les subjectiles sur lesquels on peint soient recouverts d'un enduit : la première ébauche le remplaçant parfaitement bien. Mais si on tient à une exécution délicate et surtout à peindre du premier coup il est évident que, surtout sur des surfaces rugueuses, un enduit sera nécessaire. Cet enduit devra être absorbant, naturellement. De plus il est préférable qu'il soit aussi insoluble à l'eau parce qu'il pourrait se détremper si on procède par lavis et se mêler à la couleur. Si cet enduit était fait de colles qui prennent l'humidité, il aurait encore le grave défaut d'emprisonner sous la peinture une fabrique de moisissures et de fermentations qui peuvent transsuder au dehors et qui en tout cas sont la cause de sa destruction. Or, nous avons déjà expliqué que toute peinture faite sur un enduit destructible n'offre aucune chance de durée.

Dans les cas pressés, où l'artiste n'a pas le temps d'attendre que le marchand de couleurs lui ait préparé un enduit convenable, il peut toujours faire lui-même un excellent enduit avec les couleurs à l'œuf, dont il donnera une ou deux couches du ton de son choix.

Les couleurs à l'œuf peuvent s'employer telles qu'elles sortent du tube, comme nous venons de le dire, pour peindre comme à l'huile ; mais si on veut faire des teintes légères comme à l'aquarelle ou des demi-pâtes, on les détrempe, soit avec de l'eau pure, soit avec de l'Aqualenta. A l'eau, elles sèchent presque instantanément ; avec plus ou moins d'Aqualenta, elles sèchent ainsi plus ou moins vite. Dans l'un et l'autre cas, lorsqu'elles sont sèches elles ne se détrempent plus : ce qui permet d'ébaucher rapidement et de repeindre de suite sans déranger le dessous. Il est inutile d'empâter jamais beaucoup parce que les couleurs à l'œuf couvrent énormément avec une très faible épaisseur ; et pour les grands éclats de lumière comme pour les grandes puissances d'ombres, il est préférable de mettre plusieurs couches minces superposées. Ce n'est cependant pas que les empâtements soient interdits. Ils sont plus longs à sécher : voilà tout.

A propos des empâtements, il est nécessaire de rappeler ici ce que nous avons déjà écrit ailleurs, et, puisque ce procédé de peinture à l'œuf comporte tous les moyens d'exécution des différents autres genres de peinture, de faire bien comprendre le principe général dont elles sont toutes les conséquences.

Quand la poudre de couleur est employée

seule et retenue seulement mécaniquement par la ruguosité du subjectile, c'est le pastel, qui n'implique aucune transparence et ne donne aucune garantie de solidité. Aussitôt que l'on veut obtenir un peu plus d'adhérence, il faut ajouter à la poudre de couleur un agglutinatif quelconque, colle, gomme, huile, vernis, etc. Le type de cette peinture c'est la détrempe déjà plus solide que le pastel, mais pulvérisant encore sous le moindre frottement et ne donnant que fort peu de transparence ; avec très peu de n'importe lequel des agglutinatifs plus haut cités on obtiendrait les mêmes effets qu'avec la détrempe à la colle ordinaire.

Si on augmente la proportion d'agglutinatif on arrive à un degré de solidité et de transparence relatives dont la gouache est le type. Ici c'est la gomme qui est l'agglutinatif, mais tout autre donnerait le même résultat étant mis dans les mêmes proportions.

En augmentant encore la quantité d'agglutinatif on augmente aussi la solidité et la transparence et l'on arrive à la puissance de ton que donnent l'aquarelle et la peinture à l'huile. Mais alors les gommes et colles en si grandes proportions ne peuvent s'employer que par teintes transparentes légères ; autrement elles écailleraient. Si donc on veut peindre en pâte avec des couleurs si fortement agglutinées il ne reste que l'huile et les vernis dont on puisse faire usage, et avec ces genres d'agglutinatifs en si grande quantité les couleurs couvrent fort peu ; aussi est-on obligé d'avoir recours aux empâtements quand on veut obtenir des effets d'opacité et donner du corps à la peinture.

Comme on le voit ce n'est donc que la proportion d'agglutinatif quelconque qui différencie les genres de peintures, et si la nature de ces agglutinatifs permettait de les employer tout aussi bien en teintes légères qu'en épaisseur, on pourrait avec n'importe lequel faire une peinture qui aurait toutes les qualités et offrirait toutes les ressources de la détrempe, de la gouache, de l'aquarelle, de l'huile et du vernis. Malheureusement cela n'a pas encore été possible ; on ne peut pas dans un même tableau avoir l'éclat de la détrempe dans les lumières et la profondeur de l'huile dans les ombres.

Avec l'œuf les primitifs ont fait tous les genres de peinture indifféremment, parce que cet agglutinatif en petite proportion donne une grande solidité, ce qui permet aux couleurs de descendre jusqu'au ton frais de la détrempe sans pulvériser au frottement et que, pouvant être employé en épaisseur sans écailler, on en augmente la dose autant qu'on le désire sans inconvénient, jusqu'à donner à la couleur son plus haut degré d'intensité.

Cependant, excepté dans les quelques tableaux très rares dont nous venons de parler, les primitifs, n'ayant pour détremper l'œuf que l'eau qui sèche trop vite, ne pouvaient peindre que par lavis et modeler que par hachures ; aussi n'obtenaient-ils pas les résultats complets que la peinture à l'œuf peut aujourd'hui donner.

Par ce qui précède, on comprendra facilement, nous l'espérons, qu'en augmentant ou diminuant les proportions de l'œuf dans les couleurs, on leur donnera les aspects différents qu'elles ont dans tous les genres de peinture. Mais si on laisse ce soin aux artistes il faudra leur établir des tables de proportions et qu'ils broyent eux-mêmes leurs couleurs, ce qui serait retourner aux anciennes pratiques pour lesquelles ils ont actuellement si peu de goût.

Nous avons donc pensé qu'il était préférable de préparer les couleurs d'avance avec les quantités d'œuf nécessaires, pour que chacune d'elles arrive à donner le maximum des qualités qu'on lui demande usuellement ; c'est-à-dire aux couleurs couvrantes telles que les terres, les ocres, les mars, la fraîcheur du ton et la plus grande opacité possible ; aux couleurs éclatantes comme le vermillon, les cadmiums, le cobalt, l'outremer, le vert émeraude, la plus grande richesse colorante possible avec une demi-transparence ; de même aux laques, avec une transparence encore plus grande et au noir, l'intensité la plus absolue.

Quant au blanc, on se trouve devant une difficulté : si on y met peu d'œuf, il garde tout son éclat, mais alors tous les tons dans lesquels il entre s'éclaircissent énormément et sèchent comme dans la gouache et la détrempe.

Si, au contraire, on y met beaucoup d'œuf il prend de la transparence comme le blanc à l'huile, mais, comme lui, il ne couvre plus et il faut alors empâter pour obtenir l'opacité qu'il a perdue ; or quand l'opacité n'est due qu'à l'épaisseur de la touche, celle-ci diminuant en séchant, il s'ensuit que si le dessous est plus sombre il reparaît à mesure que le séchage s'accentue, ce que tous les peintres ont remarqué dans la peinture à l'huile où les retouches ont toujours l'air d'avoir noirci.

Que faire alors ? Fallait-il prendre un terme moyen ? Abandonner l'opacité parfaite si précieuse dans la détrempe comme aussi la parfaite transparence dont on a quelquefois grand besoin ? Nous ne l'avons pas pensé. C'est pourquoi nous avons fait deux blancs, sous la dénomination de blanc opaque et de blanc transparent. Avec le premier on obtiendra les effets de la gouache, avec le second les effets de l'huile. Il va sans dire qu'en mélangeant les deux blancs dans les proportions que l'on voudra on obtiendra tous les effets mixtes de ces deux extrêmes.

Enfin, ce procédé de peinture à l'œuf comporte, comme nous l'avons dit, la liberté absolue de l'exécution. On peut repeindre du blanc sur du noir, une couleur sur une autre sans attendre que le dessous soit sec, avec peu ou beaucoup de liquide ; aucun de ces accidents qui rendent la peinture à l'huile si compliquée n'étant à craindre. Cependant, quoique les erreurs et les repentirs n'aient plus les mêmes effets pernicieux, il est inutile de s'en payer à plaisir. Souvenons-nous que les grands maîtres ont toujours recommandé de peindre le plus simplement possible et qu'ils ont prêché d'exemple.

Que les amateurs et les petites demoiselles qui pratiquent la peinture en art d'agrément n'aillent pas non plus s'imaginer que ce procédé va leur rendre le travail plus facile. C'est le contraire. Comme il réunit, à lui seul, les ressources de l'huile, de l'aquarelle et de la détrempe ; comme il donne presque le velouté du pastel à l'état mat, et, qu'avec l'aide du vernis, on peut pousser jusqu'à l'intensité d'un vitrail, il nécessite une connaissance approfondie de toutes les pratiques du métier, une sûreté de main ainsi qu'une conception rapide et précise que, seuls, les artistes vraiment dignes de ce titre peuvent avoir.

En somme ce ne saurait être une amusette, c'est un outil merveilleux, qui n'a de valeur que pour qui le peut manier aisément.

J.-G. VIBERT

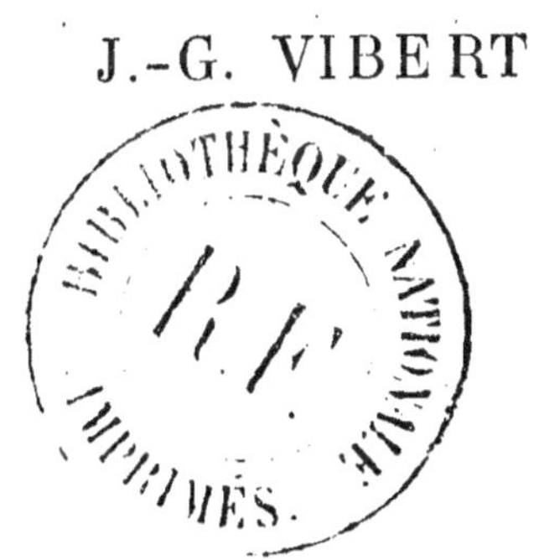

www.ingramcontent.com/pod-product-compliance
Lightning Source LLC
LaVergne TN
LVHW021656170726
843501LV00007B/2609